Mennesket og Naturen
Sri Mata Amritanandamayi

Amma besvarer spørgsmål stillet til hende af Sam La Budde, en af USA's førende miljøforkæmpere.

Mata Amritanandamayi Center, San Ramon
Californien, Forenede Stater

Mennesket og Naturen

Udgivet af:
   Mata Amritanandamayi Center
   P.O. Box 613
   San Ramon, CA 94583
   Forenede Stater

———————— *Man and Nature (Danish)* ————————

Copyright © 2010 Mata Amritanandamayi Mission Trust, Amritapuri Kollam, Kerala, 690546, India
Alle rettigheder forbeholdes. Ingen del af denne udgivelse må opbevares i nogen form for databasesystem. Der må heller ikke transmitteres, kopieres, gengives, afskrives eller oversættes til noget sprog, i nogen form, med noget middel, uden forudgående skriftlig tilladelse fra udgiveren.

Første udgave af Mata Amritanandamayi Center: april 2016

Danmark:
   www.amma-danmark.dk
   info@amma-danmark.dk

India:
   inform@amritapuri.org
   www.amritapuri.org

Forord

Livet lærer os, at erfaring er den bedste form for opdragelse. Sande lærere er dem, der vækker den viden, som vi allerede har, og som minder os om, at det at vide noget og ikke bruge denne viden, er det samme som ikke at have denne viden. Denne uforlignelige måde, hvorpå Amma forvandler vor viden til handling, hænger sammen med at hun minder os om at "Religion er til for at blive omsat til handling."

Religion er et forsøg på at fjerne vort egos falske registreringer, og at fjerne følelsen af dualitet, denne kunstige skelnen mellem egoet og alt andet, fra vores liv. Denne samme følelse af ego, "Jeg", som forhindrer medfølelse for andre menneskelige væsener, fordi vi derfor føler os adskilt

fra dem, bevirker også, at vi nedbryder miljøet, fordi vi ikke vil indse at vi er en del af det. De fleste mennesker handler stadigvæk sådan som om miljøet er et sted, langt borte i skove og bjerge, og ikke det sted, hvor vi bor, og ikke de levende væsener, som vi er. Amma siger: "At benægte Guds eksistens er det samme som at benægte sin egen eksistens." Det samme gælder for naturen, som

Mennesket og Naturen

er Guds synlige form. Selvom mange mennesker tror, at det er menneskets bestemmelse at erobre naturen, så er vi i disse forsøg blevet til vores egen værste fjende. Vi er del af naturen. Dens evne til uophørligt at beskytte og nære os, afhænger af om vi er i stand til at genoprette balancen i vores forhold til jorden med alle dens skabninger.

Ammas ord er en opfordring til os om at opdage den stumme uselviskhed som slumrer i os alle. Naturen kalder også på os. Men dens råb er blevet mere skingert i den senere tid, fordi mennesket er ved at ødelægge mere og mere af jordens evne til at regenerere. Når vi er en del af naturen betyder det at det er os, der er miljøet. Vi bliver nødt til at indse at jordens behov er nøjagtig de samme som vore egne.

Der mangler intet i Amma's diskussion om naturen og vores rolle på denne planet. Det kan ikke forundre når man tager udeligheden mellem Gud og natur i betragtning. For de er en og samme ting. Ved at fornægte naturen reducerer vi vores egen ånd og vores evne til frihed. Den stilhed som vi søger inden i os er den samme stilhed som stadig gennemstrømmer skovene, oceanerne og bjergtinderne. Og ligesom vi af al vor kraft skal koncentrere os om at få vores inde kaos til at lægge

Forord

sig og finde fred, så skal vi også genoprette den skade, som vi lader overgå naturen.

At tjene naturen og dens skabninger er ikke mindre en tjeneste for Gud end al anden from for tjeneste.

Lad os genoplive vores tro på at det nytter noget at tjene jorden.

Sam La Budde
Direktør for projektet "Truede arter"
Earth Island Institute,
San Fransisco, CA

Indhold

Hvad er forholdet mellem mennesket og naturen?
9

Hvilken rolle spiller religionen i forholdet mellem mennesket og naturen? 11

Hvad forårsagede bruddet i forholdet mellem mennesket og naturen? 20

Hvordan kan man i religionens navn forsvare ofringer af dyr? 24

Er den moderne videnskab, som kan forklare naturfænomenerne, ikke at foretrække frem for en religion der fremkalder frygt for Gud i menneskene?
26

Hvad er yagnas (spirituelle offerhandlinger) og hvad bevirker de i vores moderne tidsalder? 38

Hvorfor bliver Indien, trods den spirituelle betydning, det har haft indtil nu, ved med at være et fattigt land? Er spiritualitet en hindring for materiel velstand? 44

Hvor alvorlige er miljøproblemerne? 48

Bliver mennesket til en trussel for livets fortsættelse på denne jord? 54

Er det nødvendigt at tage de menneskelige behov mere alvorligt end naturens? 57

Hvilke forholdsregler kan samfundet træffe for at forhindre udryddelsen af mennesker og dyr? 59

Er skove da så vigtige for jorden? 61

Hvad har spirituelle praksisser (Sadhana) og beskyttelse af naturen til fælles? 61

Er det klogt at kontakte en åndelig mester uden at forsøge at løse de foreliggende problemer selv? 66

Mennesket og Naturen

I det følgende bringes Amma's svar på spørgsmål stillet til hende af Sam La Budde, en af USA's førende miljøforkæmpere.

Hvad er forholdet mellem mennesket og naturen?

Amma: Børn, mennesket adskiller sig ikke fra naturen. Det er en del af naturen. Selve den menneskelige eksistens på jorden afhænger af naturen. Det er så sandelig ikke mennesket der beskytter naturen, det er naturen der beskytter mennesket. Træer og planter for eksempel er absolut nødvendige for renselsen af livsenergien. Enhver ved at mennesker ikke kan leve i en ørken. Grunden er at der i ørkenen ikke findes nogen træer til at rense den vitale energi. Hvis atmosfæren ikke bliver renset, ødelægges menneskets helbred. Det vil føre til forkortelse af dets liv, forskellige sygdomme, nedsat syn, eller endda blindhed. Vores liv er uløseligt forbundet med naturen; selv en lille forandring i naturen påvirker vores liv på denne planet. På samme måde påvirker menneskets tanker og handlinger naturen. Hvis naturens balance går tabt, så går balancen i menneskelivet også tabt, og omvendt.

Den helt afgørende faktor som forbinder mennesket med naturen er menneskets iboende uskyld. Når vi ser en regnbue eller havets bølger, føler vi så stadigvæk et barns uskyldige glæde? En voksen som i en regnbue ikke kan se andet end lysbølger,

Mennesket og Naturen

vil ikke føle et barns glæde og betagelse ved synet af den eller af havets bølger.

Tro på Gud er den bedste måde at bevare menneskets barnlige uskyld. Den som har tro på Gud og hengivenhed til Ham/Hende, som igen stammer fra den medfødte uskyld, ser Gud i alt, i hvert træ og dyr, i ethvert aspekt af naturen. Denne holdning sætter ham i stand til at leve i fuldkommen harmoni med og helt "tunet ind" på naturen. Denne uophørlige strøm af kærlighed, som flyder fra en sand troende mod hele skabelsen, har en mild og nærende virkning på naturen. Denne kærlighed er den bedste beskyttelse af naturen.

Det er når vor egoisme vokser, at vi begynder at miste vor uskyld. Når det sker bliver mennesket fremmedgjort overfor naturen og begynder at udnytte den.

Mennesket er ikke klar over, hvilken frygtelig trussel det er blevet for naturen. Når det skader naturen, baner det i virkeligheden vejen for sin egen undergang.

Mens menneskets intellekt og videnskabelige viden øges, må det ikke glemme sit hjertes følelser, som gør det muligt for det at leve i harmoni med naturen og dens fundamentale love.

Hvilken rolle spiller religionen i forholdet mellem mennesket og naturen?

Amma: Det er religionen, som hjælper et menneske med at være bevidst om at det ikke er adskilt fra naturen. Uden religionen mister mennesket denne bevidsthed. Religionen lærer os at elske naturen.

I virkeligheden afhænger menneskehedens fremskridt og velstand udelukkende af det gode, som mennesket gør mod naturen. Religionen hjælper med at opretholde et harmonisk forhold mellem mennesker, mellem individet og samfundet, og mellem mennesket og naturen.

Forholdet mellem menneske og naturen er som forholdet mellem *Pindanada* (mikrokosmos) og *Brahmananda* (makrokosmos). Vore store forfædre forstod dette. Det er derfor de tillagde tilbedelse af naturen så stor betydning i religiøs praksis. Meningen med al religiøs *acharam* (praksis) var at skabe en tæt forbindelse mellem mennesket og naturen. Ved at oprette et kærligt forhold mellem menneske og natur, sikrede de både naturens balance og menneskehedens fremskridt.

Tag for eksempel et træ. Det giver skygge selv til den, som fælder det. Det giver søde, lækre frugter til den, der beskadiger det.

Mennesket og Naturen

Men vores holdning er helt anderledes. Når vi planter et træ eller avler et dyr, er vi kun interesserede i de penge vi tjener på det. Hvis et dyr ikke længere giver "afkast", så dræber vi det straks. Så snart koen holder op med at give mælk, sælger vi den til slagteren for at få penge. Hvis træet holder op med at give frugter, så fælder vi det og laver møbler af det. Egoismen hersker overalt. Uselvisk kærlighed findes ikke mere. Men vore forfædre var ikke sådan, de vidste at træer, dyr og planter var absolut nødvendige for menneskene. De forudså, at mennesket i sine selviske øjeblikke ville glemme naturen og ville holde op med at nære omsorg for den. De vidste også, hvordan fremtidens generationer ville lide på grund af menneskets tabte forbindelse med naturen. Derfor forbandt de hvert ritual med naturen, og derved – i forbindelse med religiøse principper – havde de fine muligheder for at udvikle et følelsesmæssigt forhold mellem menneske og natur. De gamle elskede og tilbad træer og planter, som for eksempel banyantræet, bilva- og tulasi- (hellig basilikum) planten, ikke fordi de bar frugt og hjalp dem med at tjene penge, men fordi de gamle vidste at de selv var i dyb kontakt med naturen.

Religionen lærer mennesket at elske hele

skabelsen. Nogle mennesker spotter religionen og siger, at det ikke er andet end blind tro.

Men man har fundet ud af, at handlinger foretaget af mennesker med en sådan indstilling skader naturen mere end dem, der tror på Gud. Det er de religiøse mennesker og ikke disse såkaldte intellektuelle, som beskytter, bevarer og elsker naturen. Der er nogle mennesker som ved at citere moderne videnskabelige teorier altid prøver at bevise at alt hvad religionen lærer er forkert.

Sandheden er at den ærbødighed og hengivelse som mennesket udvikler gennem deres religiøse tro altid er gavlig, både for menneskeheden og naturen.

Religionen lærer os også at tilbede Gud i naturen. Fra historierne om Sri Krishnas liv er tulasi-planten og køerne blevet hellige for det indiske folk. De bliver beskyttet og plejet med kærlighed. I gamle dage hørte der til hver indisk bolig en dam og en lund. I hver forgård stod der en tulasi-plante. Dens blade har stor medicinsk betydning. De visner ikke. Selv når man plukker dem og opbevarer dem i flere dage, bevares deres sygdomsbekæmpende kraft. Dengang hørte det til den daglige praksis at vande tulasi-planten om morgenen, mens man ærbødigt og kærligt

Mennesket og Naturen

bukkede for den da den blev betragtet som gudinden i egen person. Sådan var den indiske tradition, at man også viste sin ærefrygt overfor andre planter som banyan-, bilva- og figentræet og tilbad dem.

Den medicinske virkning af tulasi-planten har de gamle *rishier* (seere) kendt i årtusinder. Men der rejser sig det spørgsmål, om videnskabsmændene, som har genopdaget den medicinske virkning hos tulasi- og andre hellige planter, viser naturen den samme kærlighed og ærbødighed som vore forfædre der gjorde det med baggrund i deres religiøse tro. Er det ikke den religiøse tro, som bidrager mere til beskyttelsen og bevarelsen af naturen, end den viden der udvikles af den moderne videnskab? Frem for denne moderne viden formår den dybe religiøse forståelse – denne viden om hele skabelsens udelelighed - at bibringe mennesket kærlighed til naturen, fordi den udvikler ærefrygt og hengivenhed. Den kærlighed som religionen taler om, kan ikke forstås med den nøgterne forstand. Dens kilde udspringer i hjertet. Kun den der har en subtil ånd, forfinet gennem religionen, kan mærke den.

Hvis der findes en politibetjent i en landsby, bliver der stjålet mindre fordi folk er bange for ham. Ligeledes bidrager ærefrygt og hengivenhed til Gud til at opretholde *dharma*, etik og moral i samfundet. Når menneskene tilegner sig religiøse principper og holder sig til de forskellige skikke, kan de undgå at begå fejl.

Mennesker der påstår at religion er en samling blinde trosartikler, ofrer ingen tid på at gennemtænke og forstå de videnskabelige principper der ligger til grund for de religiøse praksis. Den moderne videnskab kan få det til at regne ved at besprøjte skyerne ved sølvjod. Men det vand som kommer fra sådan en kunstig regn, har ikke den samme renhed. I de gamle tekster beskrives visse rituelle ofringer, som fører til regn. De vise ved at det regnvand har en renhed, som er helt uden sammenligning med det vand som fremkommer ad kunstig vej.

Når man ofrer visse foreskrevne ingredienser i den rituelle ild, kan det medføre meget gunstige forandringer for menneske og natur. Sådanne ritualer og ofringer bidrager til at genoprette den ligevægt og harmoni, som naturen har mistet. Lige som ayurvediske urter og planter helbreder fysiske sygdomme, renser den røg som opstår under ofringen af helbredende ingredienser hele atmosfæren. Og når man brænder røgelse, eller tænder olielamper eller ofrer ren føde på det rituelle bål eller på et alter, renses atmosfæren. Disse ritualer har ingen miljøskadelige virkninger ligesom klor og andre desinfektionsmidler som man anvender til vandrensning eller bekæmpelse af bakterier. Den røg, der stiger op fra en ofring, renser og befrier også åndedrætsorganerne idet den fjerner slim og sekret.

Den moderne videnskab har erkendt, at det er skadeligt at betragte solen direkte under en solformørkelse. Den samme advarsel gav de gamle *rishier* for mange tusind år siden. De benyttede en enkel og dog effektiv metode, idet de kun betragtede en genspejling af solen i vand hvori der var opløst kogødning.

Når vi beskytter og bevarer vilde dyr og husdyr samt træer og planter, bekytter og bevarer vi også naturen. De gamle tilbad koen og jorden. Det var de fem mødre: *dehamata* - den biologiske mor, *desamata* – moderlandet, *bhumata* - Moder Jord, *vedamata* - vedaerne, og *gomata* - koen. For vores forfædre var koen ikke blot et firbenet væsen, men et dyr som blev tilbedt som en form af moderen, gudinden. Ingen religion kan bestå uden et eller andet samspil med naturen. Religionen er det bånd, som forbinder menneskeheden med naturen. Religionen nedbryder menneskets ego, hvilket sætter det i stand til at erkende og opleve sin dybe enhed med naturen.

Vore forfædre lærte os at tilbede slanger som halvguder. Hvordan er det i dag?

Når vi ser en slange, kaster vi sten efter den til den er død. Vi vil ikke få fred i sindet, før vi har fældet alle træer for at tjene masser af penge på det. Når menneskets egoisme vokser, bekymrer det sig ikke længere om andres nød. Hvem bekymrer sig i dag om kvæget bliver fodret og planterne bliver vandet? Og hvem tager sig af en nødlidende nabofamilie?

Tidligere, når det blev aften, reciterede man i grupper Guds hellige navne. Det skabte fred og enhed i familien. Deres inderlige bønner, den hengivne sang, røgen fra olielamperne og duften af de helbredende urter som vinden bar fra højene henover boligområderne rensede atmosfæren. Vore forfædre tog sig tid og satte sig roligt ned for at ære Gud, også når de havde meget arbejde at udrette. Således undgik de hektik og følelsesmæssige konflikter. De sov en god søvn og kunne mestre alle livets forhold med et smil.

I dag kan man i vores hus måske finde et billede af en helgen med en lampe foran. Men

Mennesket og Naturen

om morgenen, om middagen, og om aftenen går fjernsynet. Naturligvis er ikke alle programmer dårlige, men de fleste ødelægger vores sind og bidrager til at grådighed, misundelse og had vokser i os. Folk vil gerne bo i en luksusvilla som i fjernsynet. Kvinder vil gerne gå klædt så moderne som filmskuespillerinderne, og mændene vil gerne køre i den samme luksusmodel som helten i filmen. Og kan man ikke det, så får man frustrationer og bliver utilfreds. Folk glemmer at film er en fantasiverden. Børn som ser for meget fjernsyn begynder at stjæle, viger ikke tilbage for mord, og har ingen respekt for autoriteter. De folkeslag der for lang tid siden levede et liv efter religiøse principper, var anderledes. Det første børnene lærte var, at far og mor er som Gud. I sådanne kulturer blev forældre og voksne respekteret og man adlød dem. For eksempel lærte børnene med forældrene som forbillede at elske naturen og at leve i samklang med den. Det var for dem en naturlig vane at vande jasminbusken, fodre køerne med græs og tænde en olielampe i skumringen.

Mennesker som anser sig selv for at være intellektuelle, ler ad religionen som blind tro. Når vi tænker logisk, kan vi let indse at hver eneste religiøs lov blev skabt til gavn for menneske og natur.

Tidligere blev børn advaret: "Hvis du lyver, bliver du blind!" Hvis det var rigtigt, ville der i dag ikke findes en eneste seende person i hele verden.

Men denne lille løgn afholdt børn fra at lyve. Det er det samme som skiltet på væggen: "Ingen plakater!". Den lille plakat holder resten af væggen fri for andre plakater. Senere lærer børnene at denne advarsel ikke var sand, men vanen med altid at sige sandheden ligger nu dybt forankret i dem.

Kun den der har en subtil intellektuel intuition, udviklet igennem tro, kommer til den erkendelse at blind tro på religionen er en hjælp til at fjerne menneskelige svagheder. Når vi begynder at leve vort liv i overensstemmelse med religiøse principper, bliver vores angst for Gud forvandlet til kærlighed. Vi begynder at elske alle væsener som Guds åbenbaring. Tidligere levede mange familier som en storfamilie under ét tag, de var lykkelige og elskede hinanden. I dag skændes man, selvom man kun er tre mennesker i en familie. Forståelse for hinanden og indføling mangler. Vore øjne fyldes med tårer, når vi tænker på den fred og samdrægtighed der tidligere herskede i familierne. Sådanne tilstande kan vi kun drømme om. Det var muligt fordi religionen havde stor betydning hos menneskene, hos den enkelte og i samfundet.

Religionen kræver, at vi opgiver forestillingen om dualitet (forestilling om adskilthed). Religionen forener menneskets indre natur med verdens ydre natur.

Hvad forårsagede bruddet i forholdet mellem mennesket og naturen?

Amma: På grund af sin egoisme betragter mennesket naturen som adskilt fra sig selv. Når nogen skærer sig eller kommer til skade, så anser han uden tvivl begge sine hænder, højre og venstre, for "sine egne". Og det får den ene hånd til at pleje den anden. Vi føler os ikke så ramt, hvis det er en anden der kommer til skade, vel? Grunden til den holdning er: "Det er ikke mig det er sket for." Adskillelsen mellem menneske og natur opstår hovedsagelig på grund af menneskers egoistiske holdning. De mener, at naturen blot er skabt for at tilfredsstille menneskets egoistiske behov og til at blive udnyttet.

Denne holdning skaber en mur af adskillelse og afstand. Det er en skræmmende konstatering at det moderne menneske som følge af den moderne videnskabelige udvikling har mistet sin åndelige åbenhed. Mennesket har opfundet metoder, hvormed det kan dyrke hundrede tomater på en plante, der tidligere kun gav ti frugter. Det lykkedes også mennesket at fordoble deres størrelse.

Det er ganske vist sandt, at man med den forøgede produktion til en vis grad har fjernet fattigdom og sult. Men mennesket er ikke bevidst om i hvor høj grad hans krop skades ved indtagelsen af kunstgødning og pesticider i den mad han spiser. Det er en kendsgerning, at sådanne kemikalier angriber kropscellerne og gør dem modtagelige for sygdom. Også sygehusenes antal måtte man forøge, siden videnskabsmændene kunstigt tvinger planterne til at afgive frugter og frø i mængder der ligger udenfor deres grænser. Videnskaben har nået uanede resultater, men menneskets egoisme hindrer det i at se den virkelige situation klart i øjnene og handle derefter.

Det er den egoistiske tanke at ville have mere og mere, som får mennesket til at bruge kunstgødning og pesticider. Denne begærlighed forhindrer ham i at elske planterne.

En ballon kan fyldes til en hvis størrelse men den eksploderer, hvis man bliver ved med at puste i den. Det er det samme med høsten - der er grænser for hvor meget afgrøde den kan give. Hvis vi ignorerer den kendsgerning og alligevel vil forøge afgrøden, beskadiger vi dens kraft og kvalitet. Og

Mennesket og Naturen

det skader også dem, der spiser den. Tidligere var vand og naturlig gødning tilstrækkeligt. I dag er det anderledes. Pesticider og kunstgødning er i dag uundværlige. Derved er immunsystemet hos planter og frø blevet stærkt svækket og har mistet modstandskraften mod sygdomme. I stedet for kunne man bruge naturlige metoder for at forøge modstandskraften. Religionen lærer os at elske alt med ærefrygt. Videnskabelige opfindelser har formået at forøge produktionen, men samtidig er kvaliteten blevet forringet.

At holde en fugl eller et dyr i bur svarer til at holde et menneske indespærret bag tremmer. Frihed er hvert eneste levende væsens medfødte ret. Hvilken ret har vi til at fratage dem denne frihed? Idet vi sprøjter hormoner ind i en høne, forsøger vi at få større æg. Vi lader hønsene lægge æg to gange om dagen, idet vi spærrer dem inde i mørke bure som bliver åbnet en gang imellem, så hønen tror, at der er gået flere dage. På den måde halverer man hønsenes levealder og æggene mister deres kvalitet.

Profittænkning har gjort mennesket blindt og ødelagt alle hans gode egenskaber og hans gavmildhed. Det betyder ikke at vi ikke skal tænke på at forøge produktionen. Så langt fra. Men det er vigtigt at respektere, at alt har sine grænser. Går man ud over dem, er det ensbetydende med naturens ødelæggelse.

Det er på højeste tid, at vi tænker alvorligt på naturens beskyttelse. Ødelæggelse af naturen og af mennesket kommer ud på ét. Træer, dyr, fugle, planter, skove, bjerge, søer og floder, alt hvad der findes i naturen, har fortvivlet brug for menneskets godhed, omsorg og beskyttelse. Når vi beskytter naturen vil den også beskytte os.

De legendariske dinosaurer og andre arter er forsvundet fra jordens overflade, fordi de ikke kunne overleve de nye betingelser, skabt af klimaforandringerne. Hvis mennesket ikke passer på, kommer det til at lide samme skæbne når dets egoisme har nået sit højdepunkt.

Kun kærlighed og barmhjertighed formår at beskytte og bevare naturen. Men disse egenskaber er i stærk aftagen hos mennesket idag. For at føle kærlighed og barmhjertighed må man have erkendt livskraftens udelelighed, som danner hele universets fundament og opretholder det. Denne erfaring kan man først nå, når man har studeret og overholdt religiøse love.

Hvordan kan man i religionens navn forsvare ofringer af dyr?

Amma: Dyre- og menneskeofringer skete tidligere, fordi mennesket ikke kendte de religliøse principper. De religiøse skrifter var ikke tilgængelige for den jævne befolkning. Bahminerne holdt dem hemmelige. Derfor dyrkede man Gud efter sine egne forestillinger. Da Amma var på øen la Reunion, fortalte man hende at man der talte et særligt sprog, fordi den franske befolkning hentede arbejdskraft fra andre lande til øerne la Reunion og Mauritius. Disse folk hørte en smule fransk og blandede det sammen med deres eget sprog. Således opstod der et nyt sprog. Det samme skete med skikkene. De jævne mennesker fulgte på deres egen måde den dannede klasses forbillede, og deres efterkommere overtog således disse skikke.

Det vi elsker mest skal vi tilbyde Gud. Hvordan modtager vi en ven, som besøger os efter lang tids fravær? For at glæde ham vil vi servere vore bedste retter for ham. Når vi gør det for en ven, hvorfor så ikke gøre det for Gud som vi elsker?

Den der elsker sød budding, ofrer den til Gud.

Den der aldrig har hørt om sød budding, kan så heller ikke ofre den til Gud.

Jægere elskede kød fra fugle og dyr så højt,

at de tilbød Gud det. Deres efterkommere, som ikke var jægere, fortsatte med denne vane uden rigtig at forstå den.

De lærde fra den tid videregav ikke deres vigtigste religiøse læresætninger. Religionen lærer os at tilbyde Gud vort sind. Det kan vi ikke gøre med udvendige handlinger. Derfor bliver ting, som vort sind er knyttet til, tilbudt symbolsk. Det er det princip, som ligger til grund for pengeofringer ved religiøse ceremonier. Det sker fordi menneskets sind almindeligvis er meget knyttet til penge.

Alle ærer Gud på deres egen personlige måde. *Rishierne* tilbad gudinden som renheden i egen person. Mennesker, som gerne ville have penge, tilbad hende som *Lakshmi*. Lærte og studerende tilbad hende som *Saraswati,* visdommens gudinde. Krigere tilbad hende som *Kali* med sværd og trefork. Men de er alle former af den samme energi. Ethvert menneske giver Gud den form, som passer til hans egen psykiske struktur.

Den almægtige kan antage enhver form. Derfor er det unødvendigt at bebrejde Gud eller religionen.

Når mennesker udfører ritualer, som er skadelige, skal de belæres om dette og høre om de ægte religiøse principper.

Vi bør forbyde de misforståede principper. Når en enkelt kvaksalver ordinerer en forkert medicin og patienten dør af den, betyder det jo ikke at vi kalder alle læger for kvaksalvere. Selvom der i et samfund er tradition for forkerte eller fordrejede vaner, har vi ingen ret til at forkaste de religiøse principper. Det ville være at kaste barnet bort med badevandet.

Er den moderne videnskab, som kan forklare naturfænomenerne, ikke at foretrække frem for en religion der fremkalder frygt for Gud i menneskene?

Amma: Religion er det, som afdækker sandheden om naturen. Hvad der ikke findes i religionen, kan heller ikke findes i videnskaben. Ligesom man kan få smør, kærnemælk og ost fra mælk, får vi alle informationer fra religionen. Religionen ansporer os alle til at beskytte naturen. Og den lærer os at tjene og elske alting, fordi vi ser alt som Gud. Derfor tilbad man bjerge, træer, floder, køer, solen, månen og luften.

Gudsfrygten i religionen bør ikke gøre mennesket bange. Dens formål er at udvikle opmærksomhed og omhu i mennesket. *Shraddha* (tro og vågenhed) er nødvendige for enhver handling, der skal lykkes. Kun der hvor der findes *shraddha,* er der også tålmodighed. Kun handlinger, der bliver udført med *shraddha*, kan lykkes. Gudsfrygt fører til *shraddha* i mennesket.

Angst for Gud i sin egentlige betydning er en blanding af to forskellige holdninger: Respekten for en lærer, og kærligheden og hengivenheden for en moder.

Det er den holdning, som man bør have overfor *Paramatman*. Det er ikke bare angst, det er en frygt som får os til at udvikle dømmekraft.

Religionen siger, at vi på et eller andet tidspunkt bliver straffet for de forkerte handlinger vi har begået. Et sådant udsagn fremmer vores dømmekraft. Der menes ikke en gud som sidder på sin gyldne trone med retfærdighedens sværd og vægt og som vil hakke vores hænder af. Gud findes i alle væsener. Når vi respekterer og beskytter alle ting i naturen, så er det sand tilbedelse af Gud.

Religionen siger, "Der findes en diamant i dig. Men da den er smurt ind i *ajnanas* (uvidenhedens) olie, har den mistet sin glans. Forsøg at genfinde dens funklen. Se dybt i dig selv. Lær at forstå, hvem du er. Aflæg dit Jeg (ego), idet du vækker bevidsthed i dig selv. Bliv klar over, hvad din *dharma* (omtr. moral og etik, overs.) er. Du

Mennesket og Naturen

er mere end et 165 – 180 cm højt væsen. Du er dette uendelige princip, evigt og uforanderligt. Erkend sandheden og lev i den. Vær som en løve, rovdyrenes konge. Religion er kraftens og styrkens mantra. Religionen medvirker til fjernelsen af menneskets ego.

Frygten for Gud hjælper os med at overvinde vores svagheder. Når vi bringer mad til en patient som han ikke må spise, kan vi være sikre på at han spiser den. Denne adfærd er vores *vasanas,* (nedarvede neg. tendenser). Drevet af vores smagssans overser vi følgerne, endog når de er dødelige. Således er vi slaver af vores iboende drifter. En ryger sværger, "Jeg ryger aldrig mere", og i næste øjeblik kan vi se ham med en brændende cigaret i munden. Dette sker, fordi mennesket er slave af sine *vasanas.* For at befri sig for dem, bør man tænke over deres negative virkninger og udvikle styrke til at overvinde dem. Gudsfrygt hjælper os til at udvikle karakterstyrke.

Ofte kan religiøse bud forekomme for hårde og for strenge. Vi er i tvivl om, hvorvidt så mange regler og indskrænkninger virkelig er nødvendige. Men denne tilsyneladende strenghed bunder i ren kærlighed til menneskeheden.

Lad os forestille os at en læge siger til et barn før en operation:

"Åh, mit kære barn, du kommer til at lide, når jeg opererer dig. Så sørg for, at du kan stikke af inden." Er det kærlighed til barnet eller ren umenneskelighed?

Når vi er i fare for at miste vores forudbestemte livsbane (dharma), bringer Gudsfrygt os tilbage på den rigtige vej. Den renser os. Angsten for "at Gud vil straffe mig, hvis jeg gør noget forkert" giver os tro. Når en mor straffer et ulydigt barn, er det ikke mangel på kærlighed. Den smule smerte som barnet oplever, vil afholde det fra senere at komme i større vanskeligheder.

Mange mennesker har en forkert opfattelse af hengivenhed forbundet med Gudsfrygt. Der findes ikke et eneste menneske, der aldrig begår en fejl. Derfor føler mange:

"Gud vil straffe mig for den uret, jeg har begået. For at undgå den straf vil jeg tilbyde ham noget, for eksempel en brændende olielampe der koster så og så meget. Når Gud kan gå to kilometer i lyset fra den lampe, bliver han glad." Det synes at være mange menneskers holdning. Men det er ikke at tro på Gud. Sådan en tro ødelægger også med tiden den smule ægte tro, som man måske

Mennesket og Naturen

havde før. Vi behøver ikke at tænde en lampe for at Gud kan finde vej. At tilbyde Gud en lampe med den indstilling, svarer til at tænde et stearinlys for solen for at den kan finde vej i stearinlysets lys.

Hvad end formålet med templer og ofringer er, så skal der skabes en sans for retfærdighed som fører til at vores ånd bliver altomfattende.

Vore forfædre skabte mange religiøse vaner, som vi skulle overtage. Den virkelige hensigt med mange af disse skikke og praksisser er renselse og beskyttelse af naturen. Når vi for eksempel i aftendæmringen tænder olielamper, renser det atmosfæren for uønskede svingninger. Røgen ødelægger også sygdomskim. Det var den religiøse bevidsthed som hjalp den tids almindelige mennesker med at udføre og bevare disse helende handlinger, til trods for at de hverken var dannede eller lærde. Når der herskede stor fattigdom i en familie, og der ikke var penge nok til mad, blev der alligevel købt en smule olie og en væge dyppet i olie blev tændt i aftenskumringen. På den måde var religiøs tro og Gudsfrygt med til at bevare renheden og harmonien i naturen.

Enhver af vore handlinger er til en vis grad præget af frygt. For det meste er vi kun forsigtige hvis der er noget vi er bange for. Ellers ville vi tage tingene for let. Vi går forsigtigt, fordi vi er klar over at vi ellers kan falde. Når vi taler med andre mennesker, passer vi på med ikke at buse ud med uoverlagte ord, som vores *samskaras* (nedarvede natur) måske vil have os til. Det kunne føre til skænderi og ende i fængsel. Det er frygten vi kan takke for at vi passer på med hvad vi siger. Studerende er flittige af frygt for at dumpe ved eksamen. Hvis vi betragter vores liv kan vi sige, at vi hvert minut lever med en følelse af frygt.

Frygt får os til at udføre handlinger med en passende omhu og opmærksomhed. Lad os forestille os, at vi har sået sæd på en mark. Når tiden kommer skal vi gøde og vande. Ellers bliver høsten dårlig og vi kommer til at sulte. Angsten for sult fik os til at blive opmærksomme og vakte vor dømmekraft. Resultatet er, at vi af såsæden høster hundrede gange så meget. Frygt får os til at handle på det rigtige tidspunkt. Man kan sammenligne det med *Bhaya bhakti* for Gud. Det er respekt, kombineret med hengivenhed og tilbedelse. *Bhaya bhakti* inspirerer mennesket til at udføre handlinger med årvågenhed og dømmekraft.

Gud skænker uafladeligt sin nåde over menneskene, og religionen lærer os hvordan vi bedst kan gøre brug af denne nåde. Det fører ikke til

Mennesket og Naturen

noget at bebrejde solen og beklage os over at det er mørkt, når vi har lukket døre og skodder i vores hus. Vi skal åbne skodderne og lade sollyset slippe ind. Gud har givet os styrke og sundhed, for at vi kan udføre handlinger for at tiltrække Hans nåde. Religionen inspirerer os til at handle i overenstemmelse med *dharma'en* (moral og etik) og ikke bare følge vore nedarvede tendenser. Der findes mennesker der siger, at vi ikke skal undertrykke dem men handle i overensstemmelse med dem. Lad os antage at en eller anden har den *vasana* (nedarvede tilbøjelighed) at slå ihjel. Hvad sker der, hvis han følger den tilbøjelighed og slår sin nabo ihjel? Nabofamilien ville blive ruineret. Derfor er det nødvendigt at kontrollere vores *vasanas* og styre dem i en god retning. Det kan kun ske hvis der findes en frygt for den almægtige Kraft eller Gud. Det er *bhaya bhakti* (frygt sammen med hengivenhed) som fører os til den fuldstændige frygtløshed. Dens virkning, der fremmer beskedenhed og opløftelse, er langt mere subtil end den der følger af en intellektuel forståelse af de uønskede følger af *vasanas*.

I dag gør vi os kun sjældent den ulejlighed at omsætte forskernes krav til bevarelse og beskyttelse af naturen til praksis. I stedet for fælder menneskene ivrigt træer og rydder skove. Der bliver plantet nye træer, der egner sig til industrielle formål og forøger profitten. Men sådanne træer har brug for kunstgødning og pesticider. De er mere modtagelige for sygdomme end de træer der vokser naturligt der. Sådanne nyplantninger ødelægger omgivelserne. I dag er haverne omkring vores huse fulde af kunstigt avlede planter, som erstatter den duftende jasmin og nerie, to planter der vækker følelsen af hengivenhed i os. Denne forandring viser hvad for en ændring, der er kommet over den menneskelig ånd.

Vore forfædre, som indtog *tirtha puja* (helligt vand som efter en *puja* (ildceremoni, symbol på renselse) blev delt ud som *prasad* (gave)), havde ikke brug for noget andet, for *tirtha* blev fremstillet med lægeurter som basilikum, *bilva*-blade og *karika*-græs (som blev brugt ved ritualer). Disse planters helsebringende virkning er blevet undersøgt og bekræftet af videnskaben, men er der nogen der giver dem en plads i sit daglige liv? Når der i gamle dage indfandt sig en gæst, tilbød man ham kokosmælk eller kærnemælk. I dag får en gæst kaffe, te eller kunstige drikke. Også det tidligere overalt anvendte citronvand er blevet erstattet af farvede drikke som indeholder mange skadelige kemikalier. Og det moderne menneske, som udmærket ved hvor skadelige de er, er parat til at betale det tidobbelte for en sodavand. Kokospalmeskove og citronlunde blev fortrængt af kautshukplantager. Og det er alt sammen sket på grund af profittænkning og ikke af kærlighed til naturen.

Tidligere røg unge sjældent i overværelse af voksne. Hvorfor? Fordi de havde bhaya bhakti. Men i dag ser man oven i købet læger der har en cigaret i munden, selvom de råder andre fra at ryge. Enhver ved, at der står trykt med fede bogstaver på cigaretpakningerne: "Rygning er sundhedsfarlig." Men kommer det nogen ved? Den moderne videnskab gør opmærksom på, at en ryger skader miljøet mere end han skader sig selv. Derfor: Hvad har gavnet naturen mest, intellektuel forståelse eller bhaya bhakti? Helt sikkert det sidste. Ikke fordi intellektuel forståelse er nytteløs – men den skal følges op af handling. Det moderne menneske har *buddhi* (intelligens), men det mangler *viveka buddhi* (intelligens med dømmekraft). Derfor er bhaya bhakti en nødvendighed. Det er ikke nok at begrænse viden til intellektet, den bør fylde hjertet i stedet for. Viden skal integreres i livet. Det er religionens hensigt.

Den bhaya bhakti, som mennesket har overtaget fra religionen, var en velsignelse både for ham og for naturen. Den lærte ham at elske, bevare og beskytte naturen. Der hvor en politimand går sin runde, sker der færre indbrud og andre forbrydelser. Der er følelsen af sikkerhed fremherskende. Ligeså hjælper bhaya bhakti for Gud med til at bevare *dharma* (etik og moral). Idet vi gør religiøse love til vore egne og overholder de traditionelle adfærdsregler (*acharamaryadas*), kan vi undgå forkerte og uønskede handlinger. Religion er den fakkel der oplyser vejen til kærlighed til naturen, til harmonisk samliv med naturen og lader os erkende naturen som en del af Gud. Den gør mennesket bevidst om, at det er en uadskillelig del af naturen og gør det beskedent. Og den giver det kraft til at transcendere naturen og realisere det højeste princip.

Der er folk der bebrejder religionen at den kun er en gang overtro. De afviser den, fordi det ikke lykkes dem at forstå det videnskabelige fundament for de fleste religiøse praksisser. Religionen har bidraget utroligt meget til bevarelsen og beskyttelsen af naturen. Sammenholdt hermed har modstanderne af religionen kun anrettet skade på naturen. Det er de jævne mennesker der

Mennesket og Naturen

tror på Gud, og elsker og plejer naturen. I dag er det almindeligt at forkaste religiøs praksis med udgangspunkt i videnskaben. Disse kritikere glemmer den kendsgerning, at videnskaben endnu ikke har undersøgt mange aspekter af universet.

De religiøse principper har helt universel relevans. Religion rummer ideer, som kan bruges af hvert enkelt menneske. Ideer til små børn, ideer til unge mennesker, og ideer for de hundredårige. Den rummer både principper for sindssyge og for meget intellektuelle mennesker. For arbejdet som soldat, politibetjent eller postmedarbejder er der brug for forskellige egenskaber og viden. Ligeledes tilbyder religionen principper og praksis, som appellerer til de forskellige menneskelyper. Fordi religionen indeholder alt, forekommer noget af det os måske frastødende, men det har en god virkning på de folk som det er bestemt for. Hvis vi beskæftiger os med religiøse principper og praksis, er det nødvendigt at vi har et bredt synsfelt – og tro!

Er der nogen, der kan leve uden tro? Vi ved alle, at mange mennesker hver dag vil ende deres dage. Der er nogen, der dør midt i en snak med deres venner. Og alligevel tror vi alle, at vores død ikke er lige om hjørnet. Det er tro. Vi sidder sammen her, fordi vi tror at vore venner ikke smider bomber.

Og på trods af at vi ved hvor ofte der sker trafikuheld, og at vi selv har været vidne til dem, så rejser vi alligevel med tog. Og det kun fordi vi har en nedarvet tro på at vores tog ikke kommer ud for en ulykke. Når vores datter gifter sig, tror vi at svigersønnen vil tage sig godt af hende. Når vi drikker vand et eller andet sted, så gør vi det fordi vi tror på at det ikke er forgiftet.

Det er troen alene, som bærer os hvert øjeblik og fører os videre i livet. Kun når vi tror, kan vi være lykkelige. Når vores elskede tilbyder os en bitter drik, vil den smage sødt, mens en sød drik tilbudt af en usympatisk person vil smage bittert. Lykke oplever vi kun når vi kan acceptere og elske ethvert menneske. Det der forhindrer os i det, er vores selvoptagethed.

Religionen gør det muligt for os at leve i harmoni med naturen og elske den. Når det går op for et menneske hvor meget han skylder naturen, og hvilke forpligtelser han i virkeligheden har over for den, forsvinder hans ego. Når han forstår at han er en del af naturen, erkender han at alt er en del af *atman*.

I virkeligheden handler religion ikke om andet

Mennesket og Naturen

end beskyttelse af og omsorg for naturen. Kun med den er vores eksistens overhovedet mulig.

Hvad er yagnas (spirituelle offerhandlinger) og hvad bevirker de i vores moderne tidsalder?

Amma: Meningen med *yagna* er at folkeslagene i alle lande og enhver historieperiode skulle leve i gensidig kærlighed og samarbejde idet de overholdt naturlovene. Begrebet *yagna* har sin rod i den forestilling, at mennesket bør give naturen tilbage i det mindste en del af det, han har taget fra den. De indiske skrifter siger at et familiemenneske bør udføre *Pancha yagnas,* eller de fem daglige offerhandlinger. De er:

Rishi yagna (Studiet og udbredelsen af hellige skrifter),

Deva yagna (Tilbedelse af Gud ved ritualer: *puja, homa,* og gentagelse af mantraet: *japa*),

Pitru yagna (Omsorg for forældrene og ritualer for de afdøde),

Nara yagna: (Uselvisk tjeneste for menneskeheden),

Bhuta yagna: (Omsorg for alle levende væsener, især dyr og fugle).

Meningen med *rishi yagna* er at lære mennesket, hvordan det kan leve i balance med naturen i denne verden uden at bryde sammen når prøvelser og problemer melder sig. Den der har studeret landbrug ved, hvordan han skal passe sin jord.

Han ved hvordan han kan beskytte planter mod skadedyr og sygdomme, hvilken muld der er bedst egnet, hvilken gødning der skal gives til hvilke planter og hvornår. Den der driver landbrug uden denne viden ødelægger høsten. Og på samme måde hjælper studiet af skrifterne og de hellige bøger med at forstå de ting der sker i verden. Når et kanonslag pludselig eksploderer lige ved siden af os, bliver vi meget forskrækkede. Men hvis vi i forvejen ved at det vil eksplodere, er vi forberedt på det og bliver ikke så chokerede. En der ikke kan svømme skal kæmpe for sit liv i bølgerne, mens den der kan svømme lystigt leger med bølgerne.

Det er ligesådan med den nytte vi har af at studere skrifterne. Det lærer os hvordan vi kan få et lykkeligt, harmonisk liv. Skrifterne viser os principperne for den rigtige livsførelse. De blev givet os af *rishierne*, som havde nået en tilstand uden begær. Disse urgamle Guds-realiserede personer lod ikke deres unikke opdagelser gå i glemslen. Ud af medfølelse for menneskeheden leverede de dem videre i form af skrifter og andre hellige bøger. Vi er dem stor tak skyldig for at de har formidlet denne højeste viden til os. Når vi studerer skrifterne, omsætter denne viden i vores hverdag og giver den visdom vi har opnået videre, så betaler vi dermed vores gæld tilbage til *rishierne*. Vigtigere end studiet af skrifterne er anvendelsen af disse ædle principper i vores hverdag. Ellers svarer det til at forsøge at stille sin sult ved at læse en kogebog.

Deva yagna lærer os at omsætte de af *rishierne* overleverede sandheder i vores hverdag. Det drejer sig om *puja* (religiøs tilbedelse), *japa* (recitering af mantraer), *dyana* (meditation) og *vratanushtangangal* (cølibat). Deres mål er opnåelsen af åndelig koncentration, intellektuel skarphed, og renselse af ens væsen. Mantra *japa* (fremsigelse af det hellige navn) hjælper med at holde forstyrrende tanker væk fra vores sind. Igennem *dyana* (meditation) opnår intellektet klarhed og forfinelse og oplever fredfyldthed og ro, fordi projektionerne forsvinder.

Puja og *homa* (religiøs tilbedelse og ofringer til ilden) er en stor hjælp, fordi de bliver gennemført ud fra en viden om de tilgrundliggende spirituelle principper. Når vi skal give gaver til *homaens* offerild, skal det ske ud fra den indre holdning at vi ønsker at give vor tilknytning til elskede objekter bort.

Når vi tænder røgelsespinde under *pujaen,* skal vi ønske at vort liv ligeledes må brænde for verden og overalt sprede den duftende røgelse. Når kamferen brænder under *aratien* skal vi forestille os at vort ego forbrænder sporløst på den høje videns bål. Gentagelse af mantraer og røgen fra *homas* hjælper med at rense vores sind og atmosfæren i vores omgivelser. Når alle offergaver bliver set som *deva rupa* (en form af Gud) bevirker de i den der udfører disse ritualer, *shraddha* (tro og årvågenhed) og *bhakti* (hengivenhed). De troende folder hænderne og bøjer sig foran olielampen, fordi de har overtaget troen på at Gud er der. At faste og andre former for afholdenhed er meget nyttige til at bevare selvkontrol og sundhed.

For de fleste af disse handlinger spiller fuld- og ny- måne en rolle. Videnskaben har nu bekræftet, at månens til- og aftagen har en indflydelse på det menneskelige sind. Sindslidende lider mere under deres sygdom, og i almindelighed bliver der handlet mere i vrede, emotioner, og i tankeflugt. Hvis vi på disse dage disciplinerer vores sind med bøn og andre spirituelle handlinger og koncentrerer det på et punkt og kun spiser frugt, kan vi formindske den indre rastløshed. Det går så ikke ud over sundheden, hvad der forlænger levetiden. Når et helt

Mennesket og Naturen

folk udviser sådan en afholdenhed, bliver naturen gennemtrængt af positive svingninger. Årstiderne med regn- og varme-faser kommer på de rigtige tidspunkter. Det er sandheden bag vendingen: "Guderne velsigner folk og land med tilstrækkelig regn, når man glæder dem med *yagnas.*"

Med *pitru yagna* (ritualer til beroligelse af forfædrene) menes ikke blot offerritualer. Sand *pitru yagna* er at tjene vore forældre og ældre i det hele taget som udtryk for vores respekt og kærlighed. Når gamle mennesker ikke bliver passet og plejet rigtigt, bliver deres forbandelser tilbage i atmosfæren. De hjælpeløse klager fra deres sjæls dyb bliver registreret i naturen og vil virke tilbage på os med stor kraft. Det vil sige at det ikke er mere vigtigt at ære Gud, end at tjene sine forældre og sørge omhyggeligt for dem.

Nara yagna er tjeneste for menneskeheden. Den omfatter alle former for uselvisk tjeneste, som for eksempel at bespise de fattige og pleje de syge og gamle.

Bhuta yagna er at se alle væsener som manifestationer af den universelle Væren og at tjene dem. I vores kultur respekterer vi en gæst som Gud selv. Vores kærlighed til familiemedlemmer bunder i bindinger, som ikke hjælper os med at blive spirituelt åbne. Men *athithi puja* (respektfuld modtagelse og opvartning af en gæst) bunder i ren, betingelsesløs kærlighed. Det gør det muligt for os at elske hele verden som en familie. Vi har givet plante- og dyre-verdenen status som guder og deres egenskaber. Derfor satte familiemedlemmerne sig først til bords, når dyrene var fodret og basilikumplanten, *banyan-* eller *bilva*-træet var blevet vandet. Når vi stiller en prydplante op for at få blomster til vores religiøse ritualer, så bør vores sind være fokuseret på Gud når vi plejer den, ser på at knopperne åbner sig, eller når vi plukker blomsterne og laver en guirlande af dem. Når vi lægger papir og pen parat, så har vi tanke på en ting: "Nu skriver jeg et brev til den og den ven." Selvom der er forskellige ting der, papir og pen, mærker vi kun en enhed: vennen. Sådan bør vi forestille os Gud i enhver handling og udføre den med bevidsthed så den er en gave til Gud. Således kan man opleve enheden (advaita) i mangfoldigheden af ting og handlinger. Vi elsker at prædike advaita, men ingen praktiserer den. Den sande *bhakta* eller hengivne er bevidst om den ikke-duale sandhed i alle væsner takket være *bhuta yagna*. Uden at han selv ved det, lever han i *advaitas* sandhed.

Mennesket og Naturen

Bhuta yagna giver os bevidstheden om enheden i hele livet. Gennem disse ritualer og ofringer lærer menneskene at leve i harmoni med samfundet og naturen.

Spiritualitet findes ikke udenfor livet. Den er noget grundlæggende i vores indre. Ceremonier og ritualer hjælper bare til med at hente den ind i bevidsthedens domæne. Religiøse praksisser bør derfor blive en daglig rutine og livsstil, ligesom vi børster tænder og tager bad. Uden mulighed for at optage sådanne spirituelle sandheder i sig, ville størstedelen af menneskeheden leve som robotter. Naturligvis kan man leve uden religion – men det er ligeså meningsløst som at sminke et lig. Ritualer og ofre lærer menneskene at leve i harmoni med samfundet og naturen.

Hvorfor bliver Indien, trods den spirituelle betydning, det har haft indtil nu, ved med at være et fattigt land? Er spiritualitet en hindring for materiel velstand?

Amma: Hvem siger at Indien er et fattigt land? Det kan være at Indien forekommer fattigt, når man måler det efter materiel målestok. Men målt efter de sande velfærdsbegreber er Indien dog ikke så fattigt. Med hensyn til folks indre fred og velbefindende er Indien slet ikke så fattigt. Trods de store afsavn er kriminalitetsraten i vores land relativt lav. Tallet på sindssyge er tilsvarende lavt. Også problemet med afhængighed af stoffer er ikke så alvorligt. Det er fordi Indien har arven fra en levende spirituel kultur. Kun med spirituel bevidsthed og spirituel opdragelse er et folks virkelige fred og velfærd mulige.

Spiritualitet lærer os at tjene til livets underhold ved vore egne anstrengelser, og at give det, som går ud over vores eget behov, til velgørende formål. Men i verden af i dag holder mennesker udkig efter lejlighed til at snyde de andre for penge og sætte dem i banken. De vier hele deres liv til det ene mål, at erhverve rigdom. Til trods for enorm velstand lever de i fattigdom, for de har ingen fred med sig selv. Lad os overveje, hvem der virkelig er fattig. Er det den fattige mand, som kærligt og tilfreds deler sin smule mad med kone og børn og sover fredfyldt, eller er det manden med overflod, som lever i rum med klimaanlæg og nyder ypperlige måltider, men som hvileløst vælter rundt i sin seng uden at finde søvn, fordi hans tanker er fuldt optaget af verdslige ting? Det er da helt sikkert den sidstnævnte der er den fattige. Målt med sådanne normer er Indien virkeligt et rigt land. Men vi skal være meget på vagt, at vi ikke mister denne store velstand.

Engang var Indien endda meget rigt materielt set. Men det der skete var, at menneskene begyndte at blive mere og mere egoistiske. "Jeg vil have den velstand," "jeg vil have hans ejendom". Begær af denne art begyndte at vise sig. Sådan en holdning er forrykthed. At stræbe efter magt og indflydelse er forrykthed. Behersket af jalousi, egoisme og konkurrencetænkning begyndte menneskene at glemme Gud. Følgelig begyndte de at nedvurdere *dharmaen* og begyndte at kives og strides. Enheden var brudt, hvad der indvirkede negativt på forsvaret af landet. Følgen var, at Indien kom under fremmed herredømme. De indtrængende plyndrede vor velstand. Nationen kom i en ørkenagtig tilstand. Vi ved, hvor hårdt det er at dyrke jord i en ørken. Kun ved målrettede og flittige anstrengelser kan et land genoplives. Endog i dag er det ikke fysisk magt eller velstand, der holder denne nation oppe, men dens spirituelle kraft og spirituelle velstand.

Hvordan det end forholder sig, så har menneskene endnu ikke lært lektien, trods tilbageslag og smertelige erfaringer. Enhver er kun beskæftiget med sin egen personlige fortjeneste. Menneskene glemmer, at virkelig velstand, endog materiel succes, kun kan opnås hvis man forstår de spirituelle principper og hvis man gennemgår en spirituel uddannelse. Fattigdom vil ikke få nogen plads i dette land, hvis vi er klar til at fordele og anvende de bestående materielle midler for at tilfredsstille alle menneskers berettigede behov. Men menneskene skal opgive det egoistiske begær efter andres ejendom.

Mens endog ufrugtbart land bliver opdyrket, bygger vi fabrikker på frugtbare marker.

Kan man stille sin sult ved at spise pengesedler? Også selv om der er penge i omløb, skal der være mad nok for at stille sulten i tomme maver. Hvert land har sin enestående arv. Det kan kun komme videre, hvis det anstrenger sig for at udvikle det som er rodfæstet i denne arv, ved at opdrage folket i ånden fra deres kulturelle arv.

Derfor skal unge mennesker, som har optaget værdierne fra vores kultur i sig, gå ud i landsbyerne og informere befolkningen om den spirituelle arv. Menneskene skal lære at betragte nationen som deres hjem. Frugtbart land skal kun benyttes til landbrug. Man skal bygge huse for de hjemløse. Sultne skal gives mad. Sammen med sådanne tjenesteydelser skal man formidle gode *samskaras* (vaner). Vi kommer til at lide meget i fremtiden, hvis vi fortsætter i samme stil med at forsømme vores kulturelle værdier. Hvis det skulle ske at vores spirituelle rigdom gik tabt, ville det føre til en katastrofe for hele landet.

Hvor alvorlige er miljøproblemerne?

Amma: Miljøets situation i dag er yderst alvorlig. Befolkningen og fabrikkernes antal stiger, men vi glemmer at beskytte miljøet i tilsvarende grad. Hvis vi fortsætter på den måde, vil naturen vende sig imod os. Hvad nytter det at begrunde en katastrofe videnskabeligt, efter at den allerede er indtruffet? Det bringer ikke det tabte tilbage.

Tidligere var der for alting en bestemt tid. Dyrkningen af jorden skete i en bestemt måned

eller på en bestemt årstid, og også høsten var fastlagt til en bestemt måned. Dengang fandtes der ingen brønde eller vandingsanlæg. Bønderne stolede udelukkende på regn og solskin, som naturen generøst tildelte dem. Menneskene levede i harmoni med naturen, de forsøgte aldrig at udfordre den. Derfor viste naturen sig hjælpsom overfor mennesket. Den var en veninde for mennesket. Folk stolede fuldt og fast på at hvis de såede kornet på et bestemt tidspunkt på måneden, så ville det regne. De vidste også, på hvilket tidspunkt der skulle høstes. Alt forløb gnidningsløst. Aldrig forsømte naturen at give regn eller solskin på det rette tidspunkt. Aldrig ødelagde regnen høsten, fordi den kom på et forkert tidspunkt eller i for store mængder. Og der var aldrig mangel på solskin, og der var aldrig for meget heller. Alt var i ligevægt. Menneskene forsøgte aldrig at overtræde naturlovene. Der var gensidig forståelse, tro, kærlighed, barmhjertighed og samarbejde blandt folk. De elskede og tilbad naturen, som til gengæld velsignede dem med en overflod af naturlige rigdomme. Kun sådan en holdning kan opløfte hele samfundet. Men nu ser det anderledes ud.

Videnskabelige opfindelser bringer meget godt med sig. Men de bør ikke virke imod naturen.

Mennesket og Naturen

Den uafbrudte skade, som menneskene anretter, har udtømt naturens tålmodighed. Den er allerede begyndt at hævne sig. Naturkatastrofer har helt klart taget til.

Naturen er begyndt på sin *tandava,* sin dans for den endelige opløsning. Den uret, som mennesket påfører den har bragt den ud af ligevægt. Der ligger hovedårsagen for al den lidelse, som menneskene i denne tidsalder skal gå igennem.

Videnskabsmanden som opfinder og eksperimenterer har muligvis både hjerte og kærlighed. Men denne kærlighed bliver kun ledt videre til hans videnskabelige arbejdsfelt i meget små mængder. Den omfatter ikke hele skabelsen. Videnskabsmanden er mere eller mindre bundet til sit laboratorium og sit udstyr. Han tænker ikke på det virkelige liv, men er mere interesseret i at finde ud af om der findes liv på månen og på Mars. Han vil hellere opfinde atomvåben.

En videnskabsmand kan påstå, at han forsøger at finde den empiriske verden ved at analysere sandheden. Han skærer tingene i stykker for at finde ud af, hvordan de fungerer. Giver man ham en kattekilling, så vil han hellere bruge den til sin forskning end have den hos sig som kæledyr. Han vil måle dens ånde, dens puls og dens blodtryk.

I videnskabens og sandhedssøgningens navn vil han så dissekere den og betragte dens organer. Når killingen først er skåret op, er den død. Livet forsvinder og dermed enhver mulighed for kærlighed. Kun hvor der er liv findes der kærlighed. I sin søgen efter sandheden ødelægger videnskabsmanden tankeløst livet selv.

Mærkeligt! En ægte videnskabsmand burde være en sandhedselskende – en der elsker menneskeheden, skabelsen og livet.

Rishien er en sand elskende, fordi han er forankret i sit eget Selv, kærlighedens og livets sande kerne. Overalt oplever han kærlighed og liv. For oven, for neden, foran, bagved, i alle retninger. Selv i helvede, i underverdenen oplever han kun liv og kærlighed. I hans øjne findes der ikke andet end liv og kærlighed, som lyser fra alle retninger i pragt og herlighed. Derfor mener Amma at en *rishi* er en sand videnskabsmand. Han eksperimenterer i sit eget væsens laboratorium. Aldrig trækker han grænser i sit eget liv. For ham er livet et hele, og han er altid i denne udelte tilstand af liv og kærlighed.

Den eneste sande videnskabsmand, vismanden, modtager livet kærligt og forener sig med det. Aldrig forsøger han at kæmpe mod livet. Medens

Mennesket og Naturen

videnskabsmanden arbejder på at bekæmpe livet og at overvinde det, så hengiver den vise sig til livet og lader sig bære af det derhen hvor det vil.

Mennesket har vendt sig mod naturen og det bekymrer sig ikke mere om den. Det er mere interesseret i at forske og eksperimentere. Det forsøger at gennembryde alle grænser. Det ved ikke, at det derved åbner vejen for sin egen tilintetgørelse. Hvis man lægger sig ned og spytter op i luften, så falder spyttet ned i ansigtet på en. Det gælder også i dette tilfælde.

Ikke alene udnytter mennesket naturen, men det forurener den også. Tidligere anvendte man i Indien kogødning som desinfektionsmiddel, når børnene blev vaccineret. Hvis man i dag ville bruge kogødning, så ville såret blive inficeret og barnet ville dø. Den samme substans som helede såret, ville i dag forårsage infektion. Så meget gift er gennem græsset, høet, og oljekagerne, som vi fodrer køerne med, gået i kokassen. I dag går mennesker rundt med en taske, hvori der er tabletter og vaccine til at at sprøjte sig med. Sundheden er blevet så meget dårligere. Endog velhavende mennesker lider af så mange sygdomme. Den sørgerlige sandhed er, at vi trods så mange erfaringer stadigvæk ikke har lært lektien.

Nu kommer regnen ikke mere på den rigtige årstid. Regner det alligevel, så er det enten for meget eller for lidt. Med solskin er det ligesådan. I dag forsøger menneskene at udnytte naturen. Derfor får vi nu oversvømmelser, orkaner og jordskælv som ødelægger alt.

Livskvaliteten falder drastisk. Mange mennesker har mistet troen. De føler ingen kærlighed og barmhjertighed længere. Gruppeånden, som fik menneskene til at arbejde sammen hånd i hånd til alles bedste, er gået tabt. Dette har en meget negativ virkning på naturen. Naturen tager nu sine velsignelser tilbage og vender sig mod mennesket. Naturens reaktion vil ikke være til at forestille sig, hvis mennesket fortsætter på denne måde.

Der er en historie der handler om et ægtepar, der solgte alkoholiske drikkevarer. Manden sagde til konen: "Bed til Gud, at han sender os flere kunder." Konen adlød troligt mandens ord. En dag bemærkede en af kunderne, at konen bad og sagde til hende: "Bed også for mig, at jeg får mere arbejde." "Hvilket arbejde har du?" spurgte konen. "Jeg laver ligkister", sagde manden.

Sådan er tilstanden i verden i dag. Folk i dag interesserer sig kun for deres egen fordel.

Mennesket og Naturen

Bliver mennesket til en trussel for livets fortsættelse på denne jord?

Amma: Naturen beskytter kærligt mennesket og tjener det, derfor er det uden tvivl menneskets pligt og ansvar at gengælde denne beskyttelse og tjeneste.

Den moderne videnskab har sagt, at planter og træer umærkeligt kan reagere på menneskenes ord og gerninger. Videnskaben har opdaget at planter ryster af angst, hvis vi nærmer os dem i den hensigt at plukke deres blade. Men for lang, lang tid siden havde de vise og hellige i Indien erkendt denne sandhed og førte et liv uden at skade naturen.

Historien om *Sakuntala* fra Hinduismens skrifter anskueliggør dette punkt:

En vismand fandt en dag et forladt pigebarn i skoven. Han bragte hende til sit eneboer-sted og opdrog hende, som var det hans eget. Da pigen blev større, overdrog han det til hende at passe planterne og dyrene i hans eneboer-hjem.

Hun elskede dem som sit eget liv. En dag da eneboeren var gået, så landets konge den smukke pige da han var på jagt og red gennem skoven. Han forelskede sig i hende og ønskede at ægte hende. Da vismanden kom tilbage, hørte han om hvad der var sket, og gav lykkeligt sin tilladelse for at opfylde kongens ønske.

Efter vielelsesceremonien stod *Sakuntala* i haven, klar til at forlade eneboerens hjem og flytte ind hos kongen i paladset. I dette øjeblik bøjede den jasmin sig ned, som hun så kærligt og omhyggeligt havde passet og plejet, og snoede sig blidt om hendes ankler. Dyrene græd, da hun forlod

dem. Dette viser hvorledes planter, dyr, og hele naturen besvarer vores kærlighed, når vi virkelig giver dem vores kærlighed.

Betragter vi naturen, må vi indse hvor mange ofre den bringer for vores skyld. En hvilket som helst genstand i naturen viser os at naturen intet gør for sin egen skyld. Alt i naturen er til for menneskets skyld. Hvor grusomt må det menneskes hjerte være som tilføjer den skade, den natur, som tjener mennesket helt uselvisk uden at forvente noget til gengæld. Giver vi naturen blot en milliontedel af det offer tilbage, som den bringer os mennesker? Hvis vi betragter de ting der sker i naturen, hvor mange gode lektioner kunne vi så ikke lære af den? Det er nok at lære af naturen for at vores liv skal blive lykkeligt.

Lad os tage en flod! Fra Himalayas højder strømmer den ned, bliver til en velsignelse for alle, og udmunder i havet. På samme måde bør vores følelse af at være et adskilt individ strømme ind i det Universelle Selv. Derfor skal vi optage flodens ånd i os. Enhver kan drikke af den og bade i den. Det berører den ikke om det er en mand eller kvinde. Forskelle i kaste, religion eller sprog angår den ikke. Det kommer den ikke ved om nogen er syg, rask eller rig. Flodens natur er at kærtegne alle, som kommer til den og optage deres snavs i sig. Floden er helt upåvirket af om man skælder den ud over eller skriver et hyldestdigt til den. Den ene drikker, den anden bader, den tredje foretager et ritual til ære for den. Floden er og bliver uberørt. Når denne *bhava* (mentalitet, stemning) strømmer fra et menneskes ord, blikke og gerninger, kalder vi det barmhjertighed. Det er det vi bør have.

Man siger at man skal plante ti unge træer, når man fælder et træ. Hvorfor det? Fordi at fælde et voksent træ svarer til at man fjerner søjler af teaktræ i en bygning og erstatter dem med tændstikker. Den renselse af atmosfæren og den afkøling af omgivelserne som et stort træ forårsager kan ikke engang ti unge træer erstatte.

Når der skal en spiseskefuld klor til at desinficere en spand vand, hvad nytter det så kun at bruge en procent af den mængde? Tilintetgørelse af træer vil føre til tilintetgørelse af selve menneskeheden. Mange dyrearter er allerede forsvundet fra jordens overflade. Det var blevet umuligt for dem at leve under de ændrede klimatiske betingelser. Hvis vi ikke passer på i dag, kommer vi i morgen til at lide samme skæbne. Vi vil ikke være i stand til at vænne os til et andet klima. Der vil ske en udryddelse af mennesker og andre levende væsener.

Det er den menneskelige egoisme, der har skabt disse forhold.

Er det nødvendigt at tage de menneskelige behov mere alvorligt end naturens?

Amma: Naturen skænker mennesket hele sin

Mennesket og Naturen

rigdom. Ligesom naturen hjælper os med hengivenhed, således bør vi også hjælpe den. Kun sådan kan harmonien mellem menneske og natur bevares. Det er en synd at plukke ti blade, når vi kun har brug for fem. Når to kartofler er nok til en ret, handler vi bevidstløst, hvis vi tager en tredje med. Vi begår en gerning, der støder mod *dharmaen* (den rigtige etik). Når man har ti frøkorn, så kan man spise de ni hvis man vil. Men et bør man lade tilbage, for at det kan sås igen. Intet bør tilintetgøres totalt. Når en høst indbringer hundrede dollar, bør mindst ti af dem gives til velgørenhed. Det er ikke forkert at bruge naturen til opfyldelsen af vore behov. Men udplyndring er noget helt andet. Så bliver vore handlinger uretfærdige. For det første ødelægger vi unødvendigt livet for planter, dyrene eller andet som vi udbytter. For det andet er det ikke mere til rådighed for andre. Måske ville en eller anden have haft brug for det, for eks. vores nabo, som ikke har noget at spise. Således udplyndrer vi også andre, når vi udplyndrer naturen. Selvfølgelig har vi brug for et hus for at skærme os mod regn og sol. Men vi bør ikke bygge et hus for at vigte os med vores formue og vores prangende livsstil. Det er ikke forkert at fælde så mange træer, som skal bruges til at bygge

et hus. En handling bliver til en fejl og en synd
når vi udfører den uden indsigt og eftertanke. At
bruge penge ødselt, uden at tænke på Gud, den
Store Giver, eller andre som ikke har nok at leve
af, er umoralsk *(adharma)*.

**Hvilke forholdsregler kan samfundet træffe for
at forhindre udryddelsen af mennesker og dyr?**

Amma: Det er i allerhøjeste grad på tide at fore-
tage alvorlige indgreb for at forhindre mennesket
i at ødelægge naturen og dens skatte og alt hvad
naturen kærligt skænker os af gaver som frugten
af vore gode gerninger. Strenge forskrifter er godt,
men det kræver mennesker som er klar til at følge
dem. I dag er det dem, der som de første burde
følge forskrifterne, der er de første til at bryde
dem. I hver landsby skulle man danne en gruppe
med det formål at vække menneskets bevidsthed
omkring hvor vigtigt det er at beskytte og bevare
naturen. Men en rent intellektuel forståelse er
ikke nok. Menneskene skal lære at lytte til deres
hjerter. Lærerne og rådgiverne i sådanne grupper
bør have den evne at fremme menneskets kærlig-
hed til naturen og opmuntre det til at føle med
hele skabelsen og dens skabninger. Disse lærere og
rådgivere bør selv være flittige fagfolk, som kan

Mennesket og Naturen

begejstre andre så de omsætter læren i praksis. Kun på denne måde får man succes. Understregningen af vigtigheden af religion og spirituelle principper ville være en stor hjælp for at nå dette mål.

Den giftige røg fra fabrikkernes skorstene forårsager den største forurening af miljøet. Den forhindrer at planter og træer kan vokse sundt. De gifte, som bliver produceret i fabrikkerne, er også meget farlige for menneskets sundhed. Man burde sørge for at træer og planter, som gror i nærheden af fabrikker og industrielle områder, beskyttes og bevares. I virkeligheden er det netop disse planter og træer som i høj grad renser og lutrer luften i de områder. Uden disse planter ville situationen være langt værre. Lederne og de ansatte i sådanne virksomheder bør tage initiativ til bevarelsen af de naturlige omgivelser. Men regeringen kan ikke gøre det alene uden befolkningens kærlige deltagelse. For at det kan ske, har vi brug for en regering der er i samklang med naturelskernes vilje og ønsker. Og det kræver at folket understøtter de pågældende politiske ledere og regerende personer. Magthaverne skal ikke bare bestå af en gruppe der stræber efter penge og magt. Deres mål skal være befolkningens moralsk-åndelige opbygning. Meget kan nås, hvis de er personligheder som handler og beslutter ud fra et uselvisk, universelt perspektiv.

Er skove da så vigtige for jorden?

Helt sikkert. Videnskaben har endnu ikke indset fuldt ud hvor nærende virkningen af skove er på naturen. Skove kan simpelthen ikke undværes i livet på denne planet. De er helt uundværlige for renselsen af atmosfæren. De forhindrer overophedning, de holder jordbunden fugtig, de beskytter og bevarer dyrelivet osv...

Det er ikke forkert at fælde træer og samle lægeurter i skovene for at dække et basalt behov.

Men vi skal ikke plyndre og ødelægge de kostbare skove!!! Naturen kan beskytte og ernære sig selv. I beskyttelsens og bevarelsens navn udbytter vi i dag naturen. Fugle og dyr lever lykkeligt i skoven, kun mennesket er deres største fjende.

Han aner ikke at han graver sin egen grav, når han slår en økse i et træ.

Hvad har spirituelle praksisser (Sadhana) og beskyttelse af naturen til fælles?

Amma: Der står i vore skrifter: "Isavasyam idam sarvam" – alt er gennemtrængt af bevidsthed. Det

Mennesket og Naturen

er denne bevidsthed, som opretholder naturen med alle dens skabninger. Religionen lærer os at tilbede alt, idet vi ser Gud i alt. Ingen af os ville bevidst tilføje kroppen sår, da vi ved at det gør ondt. På samme måde føler vi andre menneskers smerter som vore egne, hvis vi erkender at alt er gennemtrængt af den samme bevidsthed. Så opstår der barmhjertighed i os og vi vil ønske af hele vores hjerte at hjælpe alle og beskytte alt.

Når vi er i den tilstand vil vi ikke engang få lyst til at plukke et blad, hvis ikke det er nødvendigt. En blomst plukker vi så først på den sidste dag af dens liv, før den falder fra stænglen. Vi vil anse det for skadeligt for natur og planter at plukke blomsten af bar begær på den første dag den åbner sig.

I tidligere tider fandtes der i hvert hus et værelse til det hjemlige alter. Også den der kun havde ét rum i en hytte, stillede i et hjørne et billede af en guddom med en olielampe foran. Rundt om huset blomstrede planter. Haven var passet og plejet forbilledligt. De blomster fra planterne, som familien havde plantet og passet kærligt og omsorgsfuldt, blev givet til Gud i et tilbedelsesritual. Alt hvad vi får af naturen, selveste kilden til blomster og planter, bør vi kærligt give tilbage til den. Det er den symbolik, der ligger til grund for traditionen med at give blomster til Gud. Et sådant ritual hjælper også med til at intensivere vores hengivenhed til Gud. Hvis det bliver udført med koncentration, bidrager det også til reducering af tankerne, hvad der til gengæld renser og lutrer ånden.

I gamle dage var der i haven eller i nærheden af ethvert hus en skov eller en lund med et lille tempel. I skoven eller lunden voksede der medicinske træer som *banyan, bilva-* og figentræet. Tempel og skov var det fælles sted for Gudstilbedelse for hele familien. I aftendæmringen mødtes familien for at recitere Guds navn eller bede bønner i skæret af brændende olielamper.

For nylig har den moderne videnskab opdaget at musik fremmer den sunde vækst af planter og træer. Foruden den salighed, som religiøse sange giver alle væsener, så skaber de renhed og fred i vores sind hvis de bliver sunget med kærlighed. Den vind, som blæser igennem helseplanternes blade, gavner også vores sundhed. Den røg, som stiger op fra den olievædede væge i messinglampen – eller røgen fra et rent bivokslys – dræber bakterierne i vores atmosfære. Men hvad der frem for alt

Mennesket og Naturen

gavner den ligevægt i naturen der er gået tabt, er de bønner der fremsiges under stor koncentration.

En del af de religiøse fester foregik tidligere i dette *kavus* (tempel i en hellig skov), hvor familierne istemte lovsange. Hvis der ikke var nogen i familien, der var gode til at synge, bestilte man

religiøse forsangere. Lovsange, som flyder over af *bhakti* og *jnana*, skaber en spirituel *samskara* (kultur) hos tilhøreren uden at denne mærker det. Og planteverdenen bliver ernæret af det. Videnskaben siger at musik fremmer planternes vækst, og at høsten af frugter fra frugttræerne øges når vi elsker dem. Vore *rishier* har ikke blot set og vidst det for lang tid siden, de har gjort det til en fast del af menneskelivet.

Hvis et almindeligt menneske kan sammenlignes med en elektrisk lampe, så kan den sande *sadhak* (søgende) sammenlignes med en transformator. Idet *sadhak'en* skaber stilhed i sit sind og samler energien, som almindeligvis går tabt i jagten på overdreven nydelse og tilfredsstillelse af sanserne, så vækker han sin indre uendelige kraftkilde. Da han ikke har holdninger for eller imod noget, bliver selv hans åndedræt en velsignelse for naturen. Ligesom vandet bliver renset af et filter, så er en *tapasvi's* (askets) *prana* (livskraft) et filter, som renser naturen. Til produktion af lægemidler brugte mange ayurvediske læger en bestemt naturlig sten for at rense den olie, som de havde brugt til at koge lægeurter i. Ligeså kan *tapasvi'ens* rene livskraft lutre naturen, idet den genopretter den ligevægt som mennesket har ødelagt.

Når vi ser på naturen og dens uselviske måde at give på, så bliver vi bevidste om vore grænser. Det hjælper os med at udvikle en dybere hengivenhed og henvendelse til Gud. Naturen er ikke andet end Guds synlige form som vi kan erfare og opfatte med vore fem sanser. Når vi elsker naturen

Mennesket og Naturen

og sørger for den, elsker vi Gud selv. Således som naturen skaber de mest gunstige omstændigheder for at en kokosnød kan blive til en kokospalme og et lille frø til et stort træ, således skaber den også betingelserne for at det individuelle selv (jiva) kan nå det allerhøjeste Selv (Paramatman).

En sand sandhedssøgende eller troende kan ikke skade naturen, fordi han betragter naturen som Gud selv. Han oplever ikke naturen som adskilt fra sig selv. Han er den sande naturelsker.

Er det klogt at kontakte en åndelig mester uden at forsøge at løse de foreliggende problemer selv?

Amma: Fagfolk kan hjælpe andre med at løse mange af de problemer som de møder på deres arbejde. Det er et faktum. Men i virkeligheden er det udelukkende Guds nåde, der giver resultater. Uden Guds nåde kan intet ske. Menneskelige anstrengelser kommer fra intellektet og kan kun virke op til en bestemt grænse. Udenfor denne grænse ligger riget for den guddommelige nåde. Når det ikke lykkes os at knytte en forbindelse til dette rige, som ligger hinsides de menneskelige evner, så er og bliver vore anstrengelser forgæves.

Den bedste måde at knytte denne forbindelse på består i at bede en sand mester om hans råd og velsignelse. En sådan stor sjæl er den egentlige kilde i det rige. Han eller hun er denne krafts uudtømmelige kilde, en sand legemliggørelse af Guds magt og nåde. Fagfolk kan hjælpe, men de kan ikke velsigne og give nåde. En eksperts hjælp giver måske ikke det ønskede resultat, men en ægte åndelig mesters ord og velsignelse svigter aldrig.

Se Jer ikke tilbage, og føl ingen sorg. Gå videre og smil. Vi bør handle med ubetinget tro og den største agtsomhed, men uden binding. Det er det, de spirituelle mestre lærer os. Hvad nytter det at sørge, fordi den plante som vi har plejet visner? Uden at sørge over den plante vi har mistet, bør vi plante en ny. Når mennesket ruger over fortiden, svækkes hans ånd. Således mister han hele sin energi.

En mesters ånd er ikke som vor egen, som kun stræber efter verdens glæder. Den ligner et træ, som giver skygge og søde frugter selv til dem der fælder det. Som en røgelsespind, der på bekostning af sin egen eksistens breder sin duft omkring sig, forbrænder den vise ganske vist sit liv idet han uophørligt handler uselvisk, men han opfyldes af uendelig lykke fordi hans kærlighed og hans fred breder sig i hele samfundet. Kun et væsen af et sådant format kan føre os, som er fulde af ego og bindinger, på vejen af de rigtige handlinger.

Sådanne vise er ikke bestemt for et individ, en klasse, en tro eller en sekt. De er til for hele verden, for hele menneskeheden.

www.ingramcontent.com/pod-product-compliance
Lightning Source LLC
Chambersburg PA
CBHW070633050426
42450CB00011B/3170